Marianne Porsche-Rohrer

# Gute Gerüche aus der Naturheilküche

Ein Lexikon der gesunden Lebensmittel

Wenn du merkst, du hast gegessen,
dann hast du schon zu viel gegessen.

(Sebastian Kneipp)

Kontaktadresse

Marianne Porsche-Rohrer
Apothekerin & Heilpraktikerin

Mozartstraße 20
86956 Schongau

Telefon 08861 - 7560
Fax 08861 - 241 737

porsche-rohrer.praxis@t-online.de
www.porsche-rohrer.de

3. Auflage
24. Januar 2013

ISBN 978-3-00-038278-9



Umschlaggestaltung: Isabel Rohrer
Layout und Satz: Frank Rohrer
Druck: Pressel Digitaldruck, Remshalden, www.pressel.de

gedruckt auf Munken Print White
FSC-zertifiziertes Papier

Printed in Germany

**Inhalt**

**Seite**

**Prolog**

Der Urmensch war von Herzen froh,
Fand er Essbares irgendwo,
Und unentwegt galt sein Bestreben
Der Nahrung und dem Überleben.

Wir Menschen heute sind bedroht
Vom steten Überangebot.
All inclusive frisst man sich voll.
Im Augenblick ist das ganz toll,
Doch wenig später auf der Waage
Erkennt man dann den Ernst der Lage.
Und schon beim nächsten Pizzastand
Hat uns der Duft gleich übermannt.

Der Menschheit wird fast zur Bedrohung
Die kulinarische Verrohung.

## Aal

Dem Aal war lange Zeit nicht klar,
Wo er nun einzuordnen war,
Denn sein Gewicht war kräftig nur,
Von schlanker Taille keine Spur
Und auf den Hüften ziemlich dick,
Das fand er selbst fast nicht mehr schick.

Jedoch das gute Fett der Fische
Verleiht den Menschen Kraft und Frische,
Schützt die Gefäße, Herz und Blut
Und tut auch dem Gehirn sehr gut.
Darum hör‘ zu, ich will dir raten:
„Iss öfter Fisch statt Schweinebraten.“

## Ananas

Mancher ist ganz drauf versessen,
Täglich Ananas zu essen,
Und das hat auch seinen Grund,
Denn die Frucht ist sehr gesund.

Doch nimm nicht die Dosenscheiben!
Die lass' in der Dose bleiben!
So viel Zucker, sonst nichts drin,
Bioaktiv ist' s kein Gewinn.

Wird die Frucht frisch aufgeschnitten,
Braucht man niemand lange bitten,
Und in mundgerechten Stücken
Isst sie jeder voll Entzücken.

Gut für Stoffwechsel, Figur,
Zur Immun- und Fitnesskur,
Tumor- und Entzündungsleiden
Hilft die Frucht wohl zu vermeiden.

Frisches Obst bringt reichen Nutzen.
Ist auch Schälen, Schneiden, Putzen
Manchmal mühsam und beschwerlich,
Ich mach' s gern, das sag ich ehrlich.

## Apfel

Apfelwein und Apfelkuchen,
Grüne Äpfel frisch vom Baum,
Apfelschorle und auch Strudel,
Äpfel sind ein süßer Traum.
Auch im Müsli und am Christbaum
Hat der Apfel hohen Wert.
Einen Apfelbaum zu pflanzen,
Das ist daher nie verkehrt.

„Täglich zwei, drei Äpfel essen,“
Ist als Ratschlag sehr probat,
Wenn man, wie so viele Leute,
Hohe Blutfettwerte hat.
Abführmittel sind entbehrlich,
Und die Abwehr kommt in Schwung.
Äpfel machen schlank und glücklich,
Halten uns vital und jung.

Hoher Wert, geringe Kosten,
Das ist praktisch, das ist fein.
Jeder kann sich Äpfel leisten,
Alt und Jung und Groß und Klein.
Auch bereits im Garten Eden
Pflückt' man Äpfel voll Genuss,
Und die Eva kochte Adam
Kaiserschmarrn mit Apfelmus.

**Artischocke**

Die Artischocken fanden es bodenlos,
Dass man sie bei uns so selten genoss.
Dabei hat ihr Verzehr erheblichen Sinn,
Denn Ballaststoffe senken Cholesterin.
Die Folsäure kann den Schwangeren nützen
Und den empfindlichen Embryo schützen.

Vitamine, Mineralien sind reichlich drin,
Dazu für die Leber Silymarin.
Dieses hat die freien Radikale gefangen,
Und gleich ist' s der Leber besser gegangen.
Und wer jetzt noch meint, das wär' n Bagatellen,
Der soll weiter Pommes und Bratwurst bestellen.

**Aubergine**

Bei den Auberginen gab es manchmal Debatten,
Weil sie so wenig Kalorien hatten,
Und sie meinten gar, sie wären nichts wert,
Doch gerade das ist völlig verkehrt.

Sind sie kalorienmäßig auch schmal,
Ihr Ballaststoffgehalt ist ganz optimal.
Man wir gut gesättigt, schlank wird der Bauch,
Und die Blutfettwerte, die sinken auch.

Der Bitterstoff kommt der Leber entgegen,
Und der Farbstoff kann das Immunsystem pflegen.
Hört alle zu und probiert es aus!
Die Schlanken haben immer Auberginen im Haus.

**Austernpilz**

Der Platz hat dem Austernpilz gefallen.
Er wuchs auf einem gemütlichen Ballen
Von gutem Stroh und fand es famos,
Denn seine Familie war riesengroß.

Zart angebraten servierte man ihn.
Das war feine Kochkunst und Medizin,
Denn muss man die Blutfettwerte senken,
Ist es sinnvoll, an diesen Pilz zu denken.

Kaum Kalorien, so viel Genuss,
Mit fettem Braten ist endlich Schluss.
Es ist wirklich herrlich, gut zu essen
Und die bitteren Pillen zu vergessen.

**Avocado**

Die Avocados fanden das wirklich klug.
Sie enthalten zwar Fett, mehr als genug,
Doch trotz vieler Kalorienbedenken
Wollte man ihnen höchste Achtung schenken.

Man reihte sie, das ist wirklich fein,
Schon fast bei den Arzneimitteln ein.
Denn die Blutfettwerte werden tüchtig gesenkt
Und das mit Genuss, was kaum jemand denkt.

Da ward den Avocados ums Herz ganz weich,
So gut und köstlich, so wertvoll und reich.
Mit Zimt und Pfeffer hat man sie genossen
Und dabei den Verzicht auf Fastfood beschlossen.

## Bärlauch

Der Bärlauch sprach zur Knoblauchzehe:
„Wenn ich es ganz genau besehe,
Dann sind wir fast geschwisterlich,
Doch eisenhaltig bin nur ich.

Mein Blattgrün bindet die Gerüche.
Man liebt mich in der feinen Küche.
Ganz frisch bin ich ein wahrer Knüller.
Das weiß die hundertjährige Frau Müller.

Im Frühjahr, da isst sie mich frisch,
Bringt mich als Pesto auf den Tisch.
Die Abwehr stark, der Blutdruck nieder,
Das freut Frau Müller immer wieder.“

**Banane**

Eine Banane, gelb und krumm,
Die fuchtelte im Obstkorb rum
Und nervte alle, die da lagen,
Mit ihren vielen schlauen Fragen:

„Wer ist ein feiner Babybrei,
Ist Durchfallmittel noch dabei?
Wer kostet wenig, stärkt im Nu?
Wer gibt den Sportlern Kraft dazu?

Wer macht den Reizdarm ganz entspannt,
Wird Mineralstoff-King genannt?
Wer kommt weltweit hygienisch frisch,
Ganz sicher keimfrei auf den Tisch?“

Äpfel und Birnen sagten nix,
Und da sprach die Banane fix:
„Hey, ich bin das Naturtalent.
Wie gut, dass mich ein jeder kennt.“

## Basilikum

Basilikum, das kleine Blatt,
Das wirklich viel zu bieten hat,
Lag selbstbewusst auf den Tomaten
Und rühmte seine guten Taten:

„Ich kann entblähen, helf' verdauen,
Bei Halsweh kann man mir vertrauen,
Und mein Geschmack, ich sag es klar,
Ist italienisch wunderbar.

Steh' ich auf jeder Fensterbank,
Dann bin ich da, seid ihr mal krank.
Der Mozzarella schwor mir Treue,
Drum lieb ich täglich ihn auf' s Neue."

**Beeren**

Noch heute spür' ich die feinen Gerüche
Aus Tante Fannis gemütlicher Küche.
Kam im Sommer die schöne Beerenzeit,
Und die Himbeeren wuchsen weit und breit,
Dann ging sie täglich in den Wald hinaus
Und brachte viele Körbe voll Beeren nach Haus.
Kam dann der Winter mit Eis und Schnee,
Dann labten wir uns an Saft und Gelee.
War jemand erkältet, matt, ohne Kraft,
Dann bekam er ein Glas Holundersaft.
Schön heiß musste man ihn am besten trinken,
Und gleich fing das Fieber an zu sinken.
Heute weiß man aus der Ernährungslehre,
Dass die roten und blauen Farbstoffe der Beere,
Die Anthocyane, wie Forscher sie nennen,
Schnell die freien Radikale erkennen,
Dass sie bestens dem Immunsystem nützen
Und auch die empfindlichen Augen schützen,
Dass an diesen Stoffen in der Tat
Auch die Krebsforschung viel Interesse hat.
All das hat Tante Fanni nicht gewusst.
Beeren sammeln war für sie einfach Freude und Lust.
Für die fleißige Köchin gab' s nur einen Grund:
Alle Beeren sind lecker und super gesund.

**Bier**

Ein kühles Bier ist ein Genuss,
Den man sich manchmal gönnen muss.
Doch, ihr wisst auch und seht es ein,
Zu viel davon kann schädlich sein.

Dies Denken war dem Max sehr fremd,
Und er genoss ganz vehement.
Sein Bauch ward dick und rund ganz schnell
Bis zu der Größe XXL.

Die Lisa runzelte die Stirn:
„So großer Bauch – so wenig Hirn?
Gelegentlich ein Krügerl Bier,
Das ist gesund, das rat‘ ich dir.

Denn viel Gesundes steckt da drin.
So hat das Bier schon seinen Sinn:
Enzyme bilden Magensaft,
Der Hopfen stärkt die Nervenkraft.

Der Bitterstoff hilft der Verdauung
Und dient dem Magen zur Erbauung.
Ein warmes Bier zur Winterzeit
Hat manchen vom Infekt befreit.“

Ganz ehrlich stellte Max dann fest,
Dass es sich doch gut leben lässt,

Wenn Essen, Trinken und Genuss
Auch manchmal Grenzen haben muss.

Gelegentlich ein kühles Bier,
Das ist gesund, das gönn‘ ich mir.
Noch besser schmeckt’ s im Freundeskreis.
Wohl dem, der das zu schätzen weiß!

## Birne

Eine richtig nette, kleene,
Gelbe Birne hieß Helene.
Williams Christ wollt' sie gern sein,
Doch dafür war sie zu klein.

Und die kleene Birne dachte,
Dass sie gar nichts wertvoll machte,
Wenn sie doch durch ihre Größe
Immer an die Grenzen stöße.

Ein Gelehrter sprach zu ihr:
„Du bist herrlich, merk es dir,
Vollgepackt mit Vitaminen,
Mineralien, Proteinen.

Mild und säurearm bist du,
Eisenhaltig noch dazu.
Ach, ick liebe dir, Helene,
Du Jesunde, Schlanke, Scheene!"

## Bitterschokolade

Die Bitterschokolade
Fand es ziemlich schade,
Dass fast jeder dachte,
Dass sie fettleibig machte.

Doch den Menschen zum Wohle
Hat sie Polyphenole,
Die Gesundheit schenken
Und den Blutdruck senken.

Ach, wie immer im Leben,
Muss den Rat ich euch geben:
„Achtet aufs rechte Maß,
Das hält fit und macht Spaß!“

**Blumenkohl**

Der Blumenkohl war ein armer Tropf.
Er fühlte sich völlig substanzlos im Kopf,
Denn Beate zerkochte alles zu Brei,
Als ob die Familie zahnlos sei.

Drum liebte auch keiner Gemüsegerichte,
Denn Beate machte alles zunichte.
Doch dann kochte sie das Gemüse „al dente".
Da bekam sie nur noch Komplimente.

Es schmeckte perfekt und behielt seinen Wert,
Und die Familie hat sich nicht mehr beschwert.
Doch irgendwann sprach sie: „ Ich spinne wohl,
Andauernd wollt ihr nur Blumenkohl!"

**Brennnessel**

So mancher Mensch bildet sich ein,
Gesundes muss exotisch sein,
Und teure Speisen und Gewürze
Brächten viel Heilung ihm in Kürze.

Doch mit den ganz einfachen Dingen
Kann man enormen Nutzen bringen.
Die Brennnessel dient diesem Zweck.
Der „gute“ Gärtner schmeißt sie weg.

Doch wächst sie irgendwo beim Haus,
Macht man auch mal Spinat daraus.
Im Eintopf oder Auflauf gar,
Da schmeckt sie würzig, das ist klar.

Als Tee, zur Reinigung des Blutes,
Da tut sie ebenfalls viel Gutes,
Denn Kalium schwemmt Wasser raus
Und macht die gute Wirkung aus.

Ein Garten voller Blütenpracht
Hat stets die Menschen froh gemacht,
Doch ließ der liebe Gott auf Erden
Für jeden Schmerz ein Unkraut werden.

**Buche**

Hat eine Buche man im Garten,
Muss man im Frühjahr darauf warten,
Bis aus den Knospen zarte Blätter
Entwickeln sich bei mildem Wetter.

Die jungen Blättchen, fein und zart,
Sind ein ganz köstlicher Salat,
Mit Vitaminen üppig voll,
So ein Naturgeschenk ist toll.

Mit kreativ-gesundem Essen
Kann man die Fertigkost vergessen.
Auch Förster haben in der Tat
Für den Gourmet manch' guten Rat

**Butter**

Es hatte sich herumgesprochen,
Ganz sinnvoll wär' s, fettarm zu kochen,
Denn jedes Kilo Bauchfett ist
Leben verkürzend, wie Ihr wisst.

Doch, soll man auch mit Butter geizen?
Würde die gar die Leber reizen?
Soll man Natürlichkeit vergessen
Und lieber Margarine essen?

Esst Butter maßvoll, mit Bedacht,
Weil der Genuss viel Freude macht!
Vitamin D dient außerdem
Für Knochen und Immunsystem.

Ein Butterbrot, natürlich, fein,
Das kann so ungesund nicht sein.
Da würde es viel besser passen,
Die fette Wurst mal wegzulassen.

**Chilischote**

Die klitzekleine Chilischote,
So eine richtig scharfe, rote,
Die fragte sich tagaus tagein:
„Warum kauft man mich sparsam ein?“

Da sprach die rote Paprika:
„Zur Sättigung bist du nicht da.
Nimmt man von dir ein Quäntchen bloß,
Dann ist die Schärfe schon ganz groß.

In Apotheken braucht man dich
Für Rheumasalben sicherlich.
Auch von Bakterien, Pilzen, Viren
Kannst du die Menschen gut kurieren.“

Zum Apotheker sprach der Koch:
„Chili muss in die Küche doch.“
Der Pharmazeut entschied hingegen,
Sie als Arzneistoff festzulegen.

Erst zankte man, dann war es klar,
Dass beides gut und richtig war.
Die Chilischote, erst ganz nichtig,
Die fühlte sich auf einmal wichtig.

**Croissant**

Ein Croissant, schön braun und fett,
Das lag beim Frühstück am Tablett
Und rühmte sich, fett wie es war,
Es schmecke einfach wunderbar.

Doch alle, die beim Frühstück saßen
Und mit Genuss ihr Müsli aßen,
Die hielten es für angemessen,
Das fette Hörnchen nicht zu essen.

Denn wer will hohe Blutfettwerte?
Wer isst wohl wissend das Verkehrte?
Wer will Orangenhaut und Falten?
Wer will zum Fettwanst sich entfalten?

Da dachte das Croissant ganz still,
Dass es doch eigentlich nicht will,
Dass Menschen sich ganz falsch ernähren
Und nachher dick und schwammig wären,
Deckt‘ sich mit der Serviette zu
Und war vergessen dann im Nu.

## Curcuma

Ganz gelb vor Neid wurden die Gewürze.
Warum, das erzähle ich euch in Kürze:

Die Curcumawurzel sprach selbstbewusst,
Sie täglich zu essen, das sei eine Lust.
In Suppen, Saucen, Joghurt und Quark,
Da mache sie das Immunsystem stark.
Die Galle sei fit und die Leber entzückt,
Die Tumorforscher wären sehr beglückt,
Denn die Wurzel könnte, das vermuten die meisten,
In Zukunft noch ganz Erhebliches leisten.

## Dill

Was der Fisch immer will,
Ist der würzige Dill.
Dieses Kraut hilft dem Magen,
Alles gut zu vertragen.

Sauren Gurken im Glas
Macht der Dill auch viel Spaß.
Das Aroma, so zart,
Ist nach Großmutters Art.

Auch als Würze in Broten
Ist mit Dill was geboten,
Weil die Samen viel nützen
Und vor Blähbauch uns schützen.

Nicht nur Bäcker, die schlauen,
Wollen gern drauf vertrauen.
Ein Versuch wird sich lohnen.
Das will ich nur betonen.

**Ei**

Die Frühstückseier waren hoch beglückt.
Man hatte sie ins rechte Licht gerückt.
Lange galten sie als Blutfett-Bösewichte,
Doch dieses ist mittlerweile Geschichte.
Mineralien, Vitamine und auch Lecithin,
Das alles steckt in den Eiern drin.

Aus der Pfanne schaute das Rührei verschmitzt
Und fragte, wer schon beim Frühstück sitzt.
Die Eierbecher waren ganz beflissen
Und wollten vom 3-Minuten-Ei wissen,
Gesalzen, gepfeffert, wie wollte es sein,
Doch es sagte: „ Ich schmecke mit Schnittlauch so fein.“

Die harten Eier gab es in Scheiben.
Sie sollten gewiss nicht übrig bleiben.
Mit Vollkornbrot war' n sie ein wahrer Genuss,
Und mit dem eifreien Frühstück war endlich Schluss.

Gute Eier zu essen ist gesund und macht Spaß,
Und wer klug ist, schaut bei allem aufs rechte Maß.

## Eis

Für die Kugel Himbeereis
Ist' s im Sommer ziemlich heiß,
Und sie gibt sich große Mühe,
Dass sie nicht zerfließt zu Brühe.

Denn als Eis hat man' s nicht leicht,
Weil man gar so schnell erweicht.
Köstlich kühl ist man im Mund,
Dabei nicht so sehr gesund.

Reichlich Zucker, Sahne, Fett,
Rein figürlich ist' s nicht nett,
Doch im Sommer ist' s Vergnügen,
Man genießt in vollen Zügen.

Auf die Dosis kommt es an,
Und das weiß doch jedermann.
Maßvoll, aber froh genossen
Ist' s gesund, hab ich beschlossen.

**Endiviensalat**

Der Endiviensalat wollte nur drum bitten,
Er würde am liebsten sehr fein geschnitten,
Denn seine Blätter seien etwas derb
Und leider meistens auch ziemlich herb.

Gut so, denn dadurch ist er so gesund,
Und das hat im Bitterstoff seinen Grund.
Es freuen sich Leber, Galle und Magen,
Mit Bitterstoff wird alles besser vertragen.

Ballaststoffe schmeicheln den Därmen, den matten,
Die lange schon keinen Schwung mehr hatten.
Sie vermindern die Blutfettwerte, die erhöhten,
Denn eine Senkung ist oft von Nöten.

Den Magenbitter, den soll man vergessen!
So mancher mag ihn zwar nach fettem Essen.
Doch den Alkohol kann die Leber nicht leiden,
Und es ist wirklich besser, ihn zu vermeiden.

Liebt auch der Genießer exotische Speisen,
So kann man doch immer wieder beweisen,
Für Bauch und Geldbeutel ist‘ s eine Wonne,
Isst man das, was wächst unter heimischer Sonne.

## Feige

Ein paar frische, reife Feigen
Wollten allen Leuten zeigen,
Dass sie voller Werte steckten
Dazu auch noch traumhaft schmeckten.

Und die Abführmittelkunden
Ließen sich die Feigen munden.
Auch die mit den Blutfettpillen
Konnten ihren Hunger stillen.

Und man stellte fest, es war
Wirklich alles wunderbar.
Für die Pillen war das schwer,
Denn man brauchte sie nicht mehr.

**Fenchel**

Eine kleine Fenchelknolle
Spielte eine große Rolle,
Weil der Mensch, der sie sich kochte,
Immer nur noch Fenchel mochte.

Früher hörte man ihn sagen,
Sehr empfindlich sei sein Magen,
Alles blähte intensiv,
Weshalb er auch nicht gut schlief.

Dieses zarte, milde Essen
Ließ ihn allen Schmerz vergessen.
Täglich freute er sich drauf,
Denn das Bauchweh hörte auf.

## Gänseblümchen

Das Gänseblümchen, klein, bescheiden,
Das mag den Gärtner gar nicht leiden,
Denn kaum lugt es im Rasen raus,
Da kommt er gleich und sticht es aus.

Richtig gemein und ignorant,
Heilkräuter hat der nie gekannt.
Er will nur Rosen, Blütenpracht,
Dass man ihm Komplimente macht.

In alten Büchern steht jedoch:
Wildkräuter nimmt der gute Koch!
Zur Stoffwechsel- und Frühjahrskur
Da braucht man Gänseblümchen nur.

Ich geb' sie gern zum Blattsalat.
Die Blätter schmecken nussig, zart
Und auch die Blüten, köstlich fein.
Schöner kann ein Salat nicht sein.

## Getreide

Die Getreidekörner fühlten sich sehr geährt.
Na hoppla, da war wohl das Ä verkehrt,
Jedenfalls wollte man lobend bemerken,
Dass sie den Geist und die Muskeln stärken.

Mit Keimöl, Proteinen, mit Kleie, perfekt,
Vollkörniges ist gesund und schmeckt.
Bei Brot und Nudeln, bei Müsli und Mehl,
Mit Vollkornprodukten geht man nie fehl.

Und die Vollwertköstler meinten es wär'
Ganz sicherlich nicht von ungefähr,
Dass sie beim Doktor und bei Arzneien
Ganz fürchterlich schlechte Kunden seien.

Wer sie jetzt noch „Körnerfresser" nennt,
Der hat die gesunde Ernährung verpennt.
Kein dicker Bauch, keine Stuhlgangsorgen,
Ein gutes Vollkornbrot kauf' ich gleich morgen.

**Granatapfel**

Träger von Erkältungsviren,
Die viel husten, niesen, frieren,
Sollten sich dazu entschließen,
Was Gesundes zu genießen.

Isst Granatäpfel man täglich,
Wird der Zustand bald erträglich,
Denn die feine Frucht enthält,
Was den Viren nicht gefällt.

Für die Abwehr sehr zum Wohle
Hat die Frucht Polyphenole,
Und wenn ich ins Lehrbuch seh',
Gibt' s auch noch Vitamin C.

Eisen und noch vieles mehr
Macht die Wertschätzung nicht schwer.
Paradiesisch ist die Frucht.
Pech, wenn man sie nicht versucht!

## Gurke

Eine Gurke, grün und schlank,
Lag auf einem Küchenschrank
Und sprach zu den Frikadellen,
Es wär' gut, mal festzustellen,
Dass den vielen dicken Leuten
Fleisch und Wurst zu viel bedeuten.
Wenn man pflanzlich sich ernährt,
Hätte das enormen Wert.
Mit der Gurke klappt' s perfekt,
Weil sie schlank macht und gut schmeckt.

Doch die fetten Frikadellen
Wagten kaum, sich vorzustellen,
Dass die Leute, die da saßen,
Nun mehr vegetarisch aßen.
Viele haben es probiert,
Und es hat gut funktioniert.
Gurken gab es jeden Tag,
Reichlich und so viel man mag.
Fette Bäuche wurden schlank,
Und den Gurken sagt man Dank.

## Haferflocken

Die Haferflocken
Sagten ganz trocken,
Man soll niemals vergessen,
Sie täglich zu essen,
Denn der Wert, den sie hätten
Wär' mit Tabletten
Oder dergleichen
Nicht zu erreichen

Doch auf Frühstückstischen
Fand man inzwischen
Was die Werbung uns lehrte,
Doch das war das Verkehrte:
Schoko-Pops, Zucker pur,
Von Natur keine Spur,
Fruchtaroma, Chemie,
Nein, das esse ich nie!

## Hagebutte

Die Rose mit dem Duft, dem zarten,
Ist eine Zier für jeden Garten.
Nach kurzer Zeit ist damit Schluss,
Weil sich die Frucht entwickeln muss.
So ist' s, denn Schönheit, Freud und Leid
Wandeln sich stets im Lauf der Zeit.

Entwicklung stärkt und bringt Gewinn.
So hat der Wandel seinen Sinn,
Und aus der schönen Rosenblüte
Wird eine Frucht von höchster Güte.
Draus kann man viele gute Sachen
Als Vorrat für den Winter machen.

Für Marmelade und Konfekt
Hat man das Fruchtmark längst entdeckt.
Gemütlichkeit und Wohlbehagen
Bringt uns der Tee an kalten Tagen.
Vitamin C enthält er auch.
Das ist es, was ich heute brauch' .

**Hirse**

Die Hirsekörnchen, klein und fein,
Wollten kein Vogelfutter mehr sein.
Drum rühmten sie sich auch sogleich,
Sie wären so mineralstoffreich,
Auch Kieselsäure wäre so klasse.
Davon hätten sie eine ganze Masse.

Das hat jemanden auf die Idee gebracht,
Der hat aus ihnen Extrakt gemacht,
In Kapseln als Haarwuchsmittel feilgeboten,
Dafür gab es richtig gute Noten.
Und auch die Nägel und die Haut
Hat der Hirseextrakt gut aufgebaut.

Seitdem haben die Hirsekörnchen den Titel:
Bestes biologisches Haarwuchsmittel.
Doch auch in der Küche, wie nicht jeder weiß,
Ist Hirse sehr lecker, zum Beispiel statt Reis,
Im Soufflee und als Aprikosenkuchen,
Mit Hirse kann man fast alles versuchen.

Auch Sterneköche stellten längst fest,
Dass sich' s mit Hirse zaubern lässt.

**Hülsenfrüchte**

Die Hülsenfrüchte
Vernahmen Gerüchte,
Dass mancher sich schäme,
Wenn er sie zu sich nähme,
Denn die Luft im Gedärm
Mache manchmal Lärm.

Erbsen, Bohnen und Linsen
Konnten da nur grinsen,
Denn ihnen war klar,
Wie töricht das war.
Etwas Ingwer dazu
Entblähte im Nu.

Erbsen, Linsen und Bohnen
Wollten dringend betonen,
Sie recht häufig zu essen,
Ließ' den Doktor vergessen,
Denn das Cholesterin
Schwinde dahin.

Bestes Eiweiß pur
Für die straffe Figur,
Und der Darm außerdem
Entleert sich bequem.
Wer all das ignoriert,
Der hat gar nichts kapiert.

## Ingwer

Hausapotheken müssen sein,
Doch fragt man oft: Was muss hinein,
Damit man wirklich in der Tat
Für jeden Schmerz ein Mittel hat?

Und packt man sie nur selten aus,
Dann heißt es oft: „Was muss heraus?“
Denn ist das Datum abgelaufen,
Muss man ein neues Mittel kaufen.

Mein Notfallkoffer, winzig klein,
Passt in die Hosentasche rein,
Ist gut bei dutzenden Problemen,
Und jeder kann das Mittel nehmen:

Bei Durchfall, Bauchweh, saurem Magen
Wird Ingweraufguss gut vertragen.
Bei Blähungen und Übelkeit
Hab‘ ich die Wurzel stets bereit.

Bei Husten, Halsweh, Naselaufen
Muss man schnell Ingwerwurzel kaufen,
Denn bei viralen Infektionen
Wird sich der Einsatz immer lohnen.

Ist der Infekt bakteriell,
Auch dann hilft Ingwer gut und schnell.

Selbst Pilze werden platt gemacht.
Das hätt' ich früher nie gedacht.

Und auch in vielen guten Speisen
Kann Ingwer Qualität beweisen.
Der Kenner ist längst überzeugt.
Mit Ingwer wird gut vorgebeugt.

## Joghurt

Der Joghurt fühlt sich schlecht behandelt,
Weil man ihn in Zuckerpampe verwandelt,
Denn industriell wird der Joghurt verdorben.
Es wird zwar mit prächtigen Früchten geworben,
Die aber, das weiß fast jedes Kind,
Nur in winzigen Mengen enthalten sind.
Dafür sind Unmengen Zucker drin,
Und das macht gesundheitlich keinen Sinn.

Somit hat man lange schon festgestellt,
Die Werbung will unser Bestes und zwar unser Geld.
Da ist es viel besser, man kauft Joghurt pur,
Süßt ihn mit etwas Honig nur,
Gibt Früchte dazu nach Herzenslust.
Das ist gesund und figurbewusst,
Denn der Joghurt dient dem Immunsystem,
Und er löst auch so manches Stuhlgangproblem.

**Kaffee**

Ein paar Kaffeetanten hatten
Jeden Mittwoch die Debatten:
Sollten, die an Hochdruck leiden,
Lieber den Kaffee vermeiden
Oder dürft' man ihn sich leisten,
Ihn genießen, wie die meisten?

Doch der Herr am Nachbartisch,
Mischt sich ein, ganz nett und frisch
Und erklärt der Damenrunde,
Dass am Kaffee man gesunde,
Würde man' s nicht übertreiben
Und bei drei, vier Tassen bleiben.

Denn man hat beweisen können,
Wenn sich Menschen Kaffee gönnen,
Nützt das der Gehirndurchblutung.
Das ist nicht nur 'ne Vermutung.
Und auch alzheimersche Sachen
Könnt' der Kaffee leichter machen.

Und die netten Kaffeetanten
Sagten ihren Anverwandten,
Keiner soll sich Sorgen machen,
Die Bedenken wär' n zum Lachen,
Weil der äußerst nette Herr
Ein echter Professor wär'.

**Kakao**

Es gibt im Leben manchmal Tage
Mit einer trüben Stimmungslage,
Und mancher denkt, das darf nicht sein
Und wirft ein paar Tabletten ein.

Doch bin ich in der Seele krank,
Dann brauch ich Omas Küchenschrank,
Denn unten links, ich weiß genau,
Da steht die Dose mit Kakao.

Und trinkt die Oma dann mit mir
So zwei, drei Tassen oder vier,
Sieht meistens alles besser aus,
Und ich geh‘ frohen Mut‘ s nach Haus.

Auch die Ernährungswissenschaft
Die kennt und schätzt all seine Kraft.
Die Abwehr ist total begeistert,
Weil er so manche Krise meistert.

Vom Scheitel bis hinab zur Sohle
Da wirken die Polyphenole.
Sogar als Krebsschutz preist man ihn,
Drum ist er fast schon Medizin.

**Karotte**

Die Biokarotten hatten nachgedacht,
Was man wohl am besten mit ihnen macht.
Frisch, roh als Ballaststoff-Pausensnack,
Da lässt man den Schokoriegel gern weg.

Gut gewürzt, sanft gebraten, wär' auch perfekt.
Mancher ahnt nicht, wie gut Gemüse schmeckt.
Fett und Wärme, die nützen dem Karotin,
Denn dies ist noch zusätzlich ein Gewinn.

Karotin schützt vor Krebs und Herz-Kreislaufproblemen.
Esst doch lieber gesund, statt Tabletten zu nehmen!
Viel Genuss, wenig Kosten, das soll man sich merken
Und täglich mit Karotten die Gesundheit stärken.

**Karottensaft**

Ein Mensch fühlt sich sehr ausgelaugt,
Weil sein Immunsystem nichts taugt.
Groß ist der Stress, er ist in Not.
Längst sind die Wangen nicht mehr rot.
Er fühlt sich keineswegs gesund
Und läuft ganz einfach nicht mehr rund.
Der Blutdruck spinnt, und er ist schlapp,
Und alles geht nur noch bergab.

Im Wissenschaftsjournal las er,
Karottensaft sehr wirksam wär'.
Ein Glas pro Tag würde schon reichen,
Um Defizite auszugleichen.
Auch für die Sehkraft, das ist klar,
Stets die Karotte heilsam war.
Das ist bewiesen, denn bei Hasen
Sah man nie Brillen auf den Nasen.

## Kartoffel

Dickmacher, Arme-Leute-Essen,
Das Vorurteil soll man vergessen!
Wie gut, wenn man Kartoffeln hat,
Da bleibt man schlank und wird schön satt.

Ballaststoffe und Vitamine,
Viel Mineralien, Proteine,
So reich bestückt mit allem Guten,
Das würden viele nicht vermuten.

Schaut man sich auf den Tellern um,
Merkt man, die Menschheit ist oft dumm,
Denn fette Sauce, Bratenscheiben,
Sieht man nur selten übrig bleiben.

Jedoch Kartoffeln und Salat
So mancher Mensch oft übrig hat.
Das Resultat sieht man am Bauch
Und an den Blutfettwerten auch.

Würde man mehr Kartoffeln essen,
Wär' manche Krankheit bald vergessen.

**Kefirpilz**

Vor kurzem, ich las grad ein Buch,
Da kam Martina zu Besuch
Und brachte mir in einem Glas
Ein schwabbeliges Irgendwas.
„Ein Kefirpilz ist das," sprach sie,
Und schilderte gleich, was und wie:

„Mit Milch wird täglich aufgegossen
Und dann am nächsten Tag genossen."
Nach vierundzwanzig Stunden nur
Begann schon meine Kefir-Kur,
Und meine Abwehr und mein Bauch,
Die schätzten diese Kur bald auch.

Mit klarem Wasser nur, schwipp-schwapp,
Spült man ihn dann und wann mal ab.
Im Kaukasus hat Kefir schon
Eine uralte Tradition.
Sehr viele Hundertjährige gibt' s dort.
Ich setze diese Tradition hier fort.

## Kerbel

Das Kerbelsüppchen war ganz versessen
Auf die Teilnahme am Hochzeitsessen,
Denn ganz viel Kerbel wuchs bei der zarten,
Bildhübschen Braut im eigenen Garten.

Der Kerbel wollte allen Leuten zeigen:
Es ist gut, nennt man viele Kräuter sein eigen.
Ob im Garten oder im Blumenkasten,
Kräuter helfen verdauen, und sie entlasten.

Sie machen fit, stärken Herz und Sinn,
Denn immer ist viel Magnesium drin.
Das ätherische Öl ist ein großer Segen.
Darum, Leute, pflückt Kräuter auf euren Wegen!

**Kiwi**

Bei den Kiwis hatte sich rumgesprochen,
Die Erkältungswelle sei ausgebrochen,
Und Huster und Nieser in großen Massen
Wären eine Last für die Krankenkassen,
Und daher sollten für diese Interessen
Die Leute mehr frische Kiwis essen.

Denn die guten Früchte bewirken prompt,
Dass Erkältung vergeht oder gar nicht erst kommt.
Bei den Kiwis kam es zu Umsatzspitzen,
Und die Apotheker blieben auf den Pillen sitzen.
Die Früchte waren ein feiner Genuss,
Und mit den Erkältungen war bald Schluss.

**Knoblauch**

Die Knoblauchzehen
Konnten gar nicht verstehen,
Dass den Duft, den sie machten,
Viele Menschen verachten.

Denn sie kannten ihren Nutzen,
Die Adern zu putzen,
Wenn in den Gefäßen
Verkalkungen säßen.

Auch die Flora im Darm
Wär' oft kläglich und arm,
Doch sie sei, das ist richtig,
Fürs Immunsystem wichtig.

Da hab' ich ganz entschlossen
Freitags Knoblauch genossen,
Wenn es samstags nicht stört,
Weil der Tag mir gehört.

## Kohlrabi

Eine Dame namens Gabi
Hatt' im Garten 'nen Kohlrabi,
Den sie täglich zweimal goss,
Was das Pflänzchen sehr genoss.

Ach, er wuchs und wurde rund,
Und er ist ja so gesund.
Gabi war nach ihm verrückt.
Das hat ihn total beglückt.

Sein ganzes Gemüseleben
Wollte er der Gabi geben,
Senföl und noch ganz viel mehr,
Wertvoll sein fällt im nicht schwer.

Und als ihn die Gabi aß,
Kam's, dass er die Welt vergaß.
Selbst in ihren Eingeweiden
Mochten beide sich gern leiden.

**Kopfsalat**

Die Salatköpfe waren im Herzen verletzt,
Denn sie hatten sich in den Kopf gesetzt,
An jedem Tag und ohne zu ruh' n,
Ihren Gartenbesitzern viel Gutes zu tun.

Ganz prächtig ist doch ein Kopfsalat,
Weil er so reichlich Magnesium hat.
Ganz frisch aus dem Garten liebt man ihn sehr,
Denn nach langem Transport gibt er nichts mehr her.

Diese Gärtner gehörten aber nicht zu den schlauen.
Ihnen war zwar gelungen, Salat anzubauen,
Doch für Pommes und Pizza schwärmten sie nur,
Das sah man deutlich an der Figur.

Die Salatköpfe hat das sehr verdrossen,
Und sie sind vor Wut in die Höhe geschossen.
So stark emotional zeigt sich der Salat.
Darum schätzt ihn, wenn ihr ihn im Garten habt!

## Koriander

Als die Koriandersamen
In der Bäckerei vernahmen,
Dieses gut gewürzte Brot
Sei ein Spitzenangebot,
Fühlten sie sich richtig klasse.
Lob gab' s von der Krankenkasse,
Denn so mancher Blähbauch war
Einfach schwer behandelbar.
Aß das Brot man voll Entzücken,
Hört' es auf, im Bauch zu drücken.
Gut gewürzt ist halb verdaut.
Ja, das stimmt, ich sag es laut.

**Kresse**

Am Butterbrot lag frische Kresse,
Drauf wartend, dass man sie bald esse.
Da rollt heran eine ganz nette,
Knallgelbe Vitamintablette.

Sie sagt, sie sei seit langer Zeit
Das Sinnbild für Vollkommenheit.
Wer sie genießt, braucht sich nicht sorgen,
Man nimmt sie nur 1x am Morgen.

Jedoch die Kresse lächelt kühn:
„Schau her, ich bin so köstlich grün,
Bioaktiv, frisch im Geschmack,
In jeder Hinsicht voll auf Zack.

Es gibt fast nichts, was ich nicht kann.
An mir ist wirklich alles dran.
Sehr chemisch bist du Ungeheuer,
Und außerdem bist du sehr teuer."

Da rollte die Tablette weg.
Ein Streit mit Kresse hat kaum Zweck.
Die ist Tabletten überlegen.
Da nützt es nichts, sich aufzuregen.

**Kümmel**

Ein Kümmelchen von höchster Güte,
Das wuchs auf einer Doldenblüte,
Und fragte bei dem Gärtner an,
Was einmal aus ihm werden kann.
„Werd' ich Gewürz, werde ich Tee?"
Da sprach der Gärtner nur: „O je,
Was immer man mit dir auch tut,
Du hilfst den Menschen immer gut,
Wirkst bei Verkrampfungen und Winden,
Bist in Tabletten gar zu finden,
Würzt gutes Brot und Schweinebraten,
Mit Dir ist jeder gut beraten.
Sogar als Schnaps bist du sehr fein,
Doch dafür musst du erwachsen sein."

**Kürbis**

Ein Kürbis, der war sehr gewichtig.
Für seine Art war das ganz richtig.
Nennt so viel Werte man sein eigen,
Darf man das ruhig in Fülle zeigen.

Ballaststoff, Eisen, Karotin,
Das alles steckt im Kürbis drin,
Und für die Abwehr und das Blut,
Da wirkt der Dicke richtig gut.

Sogar der Wert vom Cholesterin
Wird rasch gemindert nur durch ihn,
Und auch für Herz und Blutgefäße
Wär' s super, wenn man ihn oft äße.

Der Kürbis sprach: „Ich bin so dick,
Das find' ich einfach schnuckelig.
Mir macht das Dicksein richtig Spaß,
Doch nur als Kürbis darf man das."

**Kürbiskerne**

Die Kürbiskerne waren ganz platt,
Als sie hörten, wie viele Probleme man hat,
Mit schwacher Blase und häufigem Drang
Und das mitunter schon jahrelang.

Mit Träufeln und gar mit Windeleinlagen,
Da platzte ihnen dann fast der Kragen.
Sie schrien ganz laut: "Das muss nicht sein!
Nehmt uns doch lieber täglich ein!

Am besten vorbeugend, wir schmecken lecker.
Kauft Kürbiskernbrot bei eurem Bäcker!
Esst uns in Müsli oder als Knabberei,
Dann sind bald die Blasenprobleme vorbei!"

Und alle, die daraus ihre Lehren zogen,
Traf man nie mehr beim Urologen.
Und die, die meinten, das wäre nicht so,
Die gingen weiter fleißig aufs Klo.

**Leinsamen**

Der Leinsamen, da ist man einig,
Verhält sich ausgesprochen schleimig,
Denn kaum kommt Wasser an ihn dran,
Da fängt er gleich zu quellen an.

In Brot und Müsli schätzt man das,
Denn Schleim macht der Verdauung Spaß.
Er macht Cholesterin ganz klein
Und nützt dem Magen ungemein.

Der Darm wird sanft belebt und dann
Freut man sich, wenn man täglich kann.
Drei Teelöffel als Tagesmenge
Bringen den Stuhlgang in die Gänge.

**Löwenzahn**

Im Garten schaute der Löwenzahn
Sich neugierig sein Umfeld an,
Und wie konnte es anders sein,
Das Gras war noch ganz winzig klein,
Denn im zeitigen Frühjahr wächst kein Salat,
Kein Schnittlauch und auch kein Blattspinat.

Nur Löwenzahn ist schon zu finden
Bei Regen, Kälte, rauen Winden.
Und weil Elfriede schon seit Jahren
In Kneipp'scher Lehre ist erfahren,
Weiß sie, dass sie den Löwenzahn
Mit Freude jetzt schon ernten kann.

Stoffwechsel und Immunabwehr,
Dafür nützt Löwenzahn so sehr,
Schmeckt im Salat, als Pesto gar,
Der Darm findet ihn wunderbar.
Klug ist' s, die Kräuter zu entdecken,
Weil sie gesund sind und gut schmecken.

**Lorbeerblatt**

Ein Lorbeerblatt war sehr bestürzt.
Das Wildgericht war schlecht gewürzt.
Enttäuschung macht‘ sich breit beim Essen.
Man hat das Lorbeerblatt vergessen.

Das Blatt es sprach: „Ich nütz’ dem Magen.
So wird das Essen gut vertragen.
Ich schmecke kräftig, würzig, fein.
Gebt mich auch mal bei Reis mit rein.

Man gibt mich gern in Küchentöpfe,
Doch ziere ich auch Heldenköpfe.
Sehr vielfältig sind meine Stärken.
Das sollte sich ein jeder merken!“

**Mais**

Ein Maiskolben lag auf dem Grill
Und dachte so für sich ganz still,
Dass neben ihm die Wurst, die fette,
Gesundheitlich rein gar nichts hätte,
Und auch am Spieß der Schweinebraten,
Zu dem könne er auch nicht raten.

Denn, äß' man mehr Gemüse heute,
Gäb‘ es nicht so viel dicke Leute,
Und grad‘ beim Grillen wär' s ein Segen,
Auch mal Gemüse aufzulegen,
Genuss auf leichte, gute Art,
Der viele Kalorien spart.

Den Gästen schmeckte es sehr fein.
Sie stopften Würste in sich rein,
Dazu Schnaps, Bier und Blutdruckpillen.
Der Kolben rief: „Um Himmels Willen!
Spart doch am Fett bei eurem Essen,
Dann mögt ihr lieber Blutdruck messen!“

**Majoran**

Der Majoran wuchs in dem Garten
Mit vielen andren Kräuterarten.
Da sprach zu ihm ein fetter Schneck:
„Pass auf, dich fresse ich gleich weg!“

Drauf sprach der Majoran: „O nein,
Ich bin ein Heilkraut, lass das sein!
Mich braucht man für den guten Tee,
Tut der geblähte Bauch mal weh.

Und auch die Abwehr freut sich sehr.
Mit mir gibt‘ s keine Schwäche mehr.
Ich würze köstlich feine Speisen
Und kann so meine Kraft beweisen.“

Da sprach der Schneck: „So leb‘ denn wohl!
Dann fress’ ich halt den Rosenkohl.
Ich bin ja eh nicht gern gesehen.
Du bist so gut, ich kann’ s verstehen.“

## Makrele

Eine fettreiche Makrele
War beglückt in tiefster Seele,
Denn als Herzschutz pries man sie.
Ach, gedacht hätt' sie das nie.

Jeder will am Fett nur sparen,
Vor dem Dickbauch sich bewahren,
Doch das Fett der guten Fische
Kommt zu selten auf die Tische.

Senkt den Blutdruck ganz erheblich,
Für's Gehirn gar nicht vergeblich,
Auch der Abwehr, ohne Frage,
Nützt das Fischfett alle Tage.

Äße man doch mehr Makrelen!
Ach, ich kann sie nur empfehlen,
Denn ihr Leute, hört gut hin!
Fett vom Fisch ist Medizin.

**Mango**

Die Mango mit dem großen Kern
Mögen die meisten Menschen gern,
Und viele kaufen sich den Saft,
Doch sie sagt: „Frisch hab ich mehr Kraft.

Mit meinen vielen Faserstoffen
Kann man auf Darmgesundheit hoffen.
Und Blutfettwerte, merkt euch das,
Tüchtig zu senken, macht mir Spaß.

Mit Vitaminen bin ich voll,
Und mein Geschmack ist wirklich toll.
Enzymreich bin ich und noch mehr.
Für Schlanke bin ich d a s Dessert.“

## Maroni

Wird' s im Winter richtig kalt,
Merkt der kluge Mensch alsbald,
Was den Körper wärmt und schützt
Und auch der Gesundheit nützt.

Und deswegen hat die Vroni
Einen großen Korb Maroni
Immer in der Küche steh' n.
Der ist prächtig anzuseh' n.

Voll mit Eiweiß, Vitaminen,
Viel Gesundes steckt in ihnen,
Selbst im Fall der Zöliakie
Schaden die Maroni nie.

Auch der Duft von den Maroni
In dem Backrohr von der Vroni
Gibt so viel Geborgenheit.
Schön ist doch die Winterzeit!

**Marzipan**

Neben einer Schreibmaschine
Lag die Marzipanpraline
Und versucht' mit heißen Schwüren,
Eine Schlanke zu verführen.

Doch die schlanke Dame sprach:
„Du bist mir kein Ungemach,
Denn ich ess' dich mit Genuss,
Weil ich mir was gönnen muss.

Äße ich dich dutzendweise,
So ganz heimlich, still und leise,
Würde ich figürlich leiden
Und wär' nicht mehr zu beneiden.

Doch wenn man sich ab und an
Etwas Feines leisten kann,
Soll man sich daran erfreuen
Und nicht stundenlang bereuen.

Und die Dame nahm charmant
Die Praline in die Hand,
Gab ihr einen zarten Kuss
Und verspeist' sie mit Genuss.

**Meeresfrüchte**

Die Krabben sprachen zu den Muscheln:
„Habt ihr nicht Lust, mit uns zu kuscheln?
Nicht nur die Menschen mögen das.
Auch Meeresfrüchten macht das Spaß."

Sogar den Austern und Garnelen
Würde die Zweisamkeit sehr fehlen,
Und zwischen den Zitronenstücken
Beschloss man das Zusammenrücken.

Sie sind ja, das ist längst bekannt,
Qualitativ sehr nah verwandt.
Als Herzschutz und bei Depressionen
Soll der Verzehr sich wirklich lohnen.

Alzheimer- und Demenzvorbeugung
Bieten sie an mit Überzeugung.
Fettsäuren sind das Wirkprinzip,
Drum habt die Meeresfrüchte lieb!

Die Wirkstoffe sind große Klasse.
Es zahlt sie keine Krankenkasse.
Ich lass' mich zum Genuss verführen
Und spare die Rezeptgebühren.

**Melone**

Eine Melone, groß und rund,
Die wog beinahe sieben Pfund,
Als jemand rief: „Hey, Dicke du!“
Da sprach sie cool: „ Lass mich in Ruh!

Ich bin ein Freund von allen Schlanken.
Darüber mach dir mal Gedanken!
Als Schlankheitsprofi lobt man mich.
Wär’ ich nicht auch mal was für dich?

Ich lösch’ den Durst, ich mache satt,
Und ist vom Radeln man sehr matt,
Muss man nur viel Melonen essen,
Und Muskelkater ist vergessen.

Denn ganz natürlich biet’ ich an,
Was jeder Mensch gut brauchen kann.
Mehr als in Power-Sport-Tabletten
Steckt in mir drin, drauf kann ich wetten!“

## Milch

Die Kuh vom Biobauernhof,
Die sprach: „Ich finde H-Milch doof.
Milch ist nur wertvoll frisch vom Tier.
Am besten schmeckt sie doch von mir."

Durch Haltbarmachen wird zerstört,
Was in die gute Milch gehört.
Sehr hoch erhitzt und ganz steril,
An Werten bleibt da nicht mehr viel.

Beim Kalzium ist ja zu sagen,
Es kann die Hitze gut vertragen,
Doch Vitamine geh' n dahin.
Drum hat die Frischmilch ihren Sinn.

Das Biokälbchen muht und kichert,
Denn es hat eben erst versichert,
Die frische Milch von seiner Mutter
Ist doch das allerbeste Futter.

Den Menschen geht es ebenso,
Die frische Milch macht fit und froh.
Für alt und jung, für groß und klein,
Gesundheit kann so einfach sein.

**Minze**

Ein Minzblatt zierte ein Dessert.
Das fiel dem kleinen Blatt sehr schwer,
Denn es ward später weggeschmissen,
Drum fühlte es sich ganz bescheiden.

Die Minze kann viel mehr als schmücken.
Sie hilft bei Stress und Magendrücken,
Löst Blähungen, stärkt Gallefluss
Und ist als Tee auch ein Genuss.

Sparsam im Hackfleisch, im Salat,
Sehr fein mit Knoblauch, in der Tat,
Im Obstsalat, im Cocktailglas,
Neues versuchen macht viel Spaß!

**Nüsse**

Zum Popcorn sprach die Haselnuss,
Gib Acht, weil ich was sagen muss:
„ Ich wiege zwar viel mehr als du,
Hab recht viel Fett auch noch dazu,
Doch meine Werte, sag ich dir,
Sind bestes Lebenselixier.

Mein Fett schützt Herz und Blutgefäße.
Gut wär' s, wenn man mich täglich äße,
Im Müsli morgens ein paar Stück,
Mehr braucht man nicht, das ist ein Glück.
Dazu mein Faserstoffgehalt!
So wird man hundert Jahre alt."

Die Walnuss rollte grad vorbei
Und sprach, dass das ganz richtig sei,
Ihr Wertgehalt sei ebenso,
Darüber wäre sie sehr froh.
Und auch die Paranuss, sehr hart,
Die wäre von der gleichen Art.

Trotz reichlich Fett, wärmstens empfohlen,
Gleich morgen geh' ich Nüsse holen.
Am Fett zu sparen ist zwar wichtig,
Doch nur bei Tierprodukten richtig.
Mag' s auch mal taube Nüsse geben,
Nussöl verlängert unser Leben.

**Olive**

Ganz stolz war der alte Olivenbaum,
Denn das neue Öl, es war ein Traum.
Die Köche verehrten es Tropfen für Tropfen,
Und die Herzen begannen vor Freude zu klopfen.
So gut das Aroma, so rein und so klar,
Dieses Öl war einfach wunderbar.

Und auch die Ärzte kamen daher
Und sagten, das gute Öl, es wär'
Für Herz und Kreislauf ein wahres Geschenk,
Auch zur Massage für ein krankes Gelenk.
Es könnte die Blutgefäße putzen
Und sogar zur Krebsvorbeugung nutzen.

Die Hausfrauen riefen, dass sie' s herrlich fänden,
Das gute Öl jeden Tag zu verwenden.
So heilt in der Küche Mutter Natur
Mit der ganz normalen Nahrung nur.
Drum esst lieber wenig doch Topqualität,
Fangt noch heut' damit an, es ist nie zu spät!

**Pampelmuse**

Die Pampelmusen, dick und rund,
Sagten ganz kess: „Wir sind gesund!
Schön bitter sind wir, sauer auch.
Das freut die Leber und den Bauch.
Cholesterin machen wir platt,
Wer uns genießt, ist niemals matt.

Nur eines müssen wir bemerken,
Haben wir auch sehr viele Stärken,
Mit unsrem Saft, schmeckt er auch fein,
Nehmt niemals die Tabletten ein,
Denn ein Enzym in diesem Saft
Verändert des Arzneistoffs Kraft."

Zeitlich versetzt ist' s kein Problem,
Doch schmeckt der Saft auch angenehm,
Nicht immer ist das Gute richtig,
Und stets ist die Dosierung wichtig.
Auch der Natur ganz reiche Gaben
Können mal Nebenwirkung haben.

## Paprika

Den Paprikaschoten
War es verboten,
Sich politisch zu outen,
Doch sie ließen verlauten,
Gelb, grün und auch rot
Säßen in einem Boot.
Am Gemüsestand
Sei schwarz nicht bekannt.

Denn der Wert dieser Schoten
Wird durch nichts überboten,
Herz und Blutdruck beglückt
Und die Abwehr entzückt.
Auch gilt die Überzeugung
In der Tumorvorbeugung
Gäb' es viel Potential.
Das ist doch genial!

Deshalb einstimmig beschließen:
Täglich Paprika genießen!

**Petersilie**

Kalte Buffets wären kaum denkbar ohne sie,
Doch essen will man sie so gut wie nie.
Gesundheitlich ist sie von allerhöchstem Wert,
Darum ist mein Appell auch hörenswert:

„Lasst Petersilie niemals auf dem Teller liegen!
Mit ihr könnt ihr so viele Mineralien kriegen.
Vitamin C, ätherisch Öl, Magnesium,
Wer so was wegwirft, der ist wirklich dumm.

Entwässerung strafft das Gewebe und hält jung,
Macht fit und hält den Stoffwechsel in Schwung.
Was so viel Wert hat, ist zum Wegwerfen zu schade.
Verzichtet lieber öfter mal auf Schokolade!“

**Pfeffer**

Ein Pfefferkorn, ganz rund und klein,
Das rollte in die Küche rein
Und rief, es hätte grade frei
Und ob hier was zu würzen sei.

Die Köchin sprach: „Du kannst gleich bleiben,
Komm her auf die Zucchinischeiben,
Doch auch die Suppe, muss ich sagen,
Könnt' etwas Schärfe gut vertragen."

Da sprach der Koch: „ Mir passt du gut.
Ich brauche etwas für das Blut,
Dass kein Gerinnsel mir im Kopfe
Vielleicht ein Blutgefäß verstopfe.

Verdauung und Immunabwehr
Die schätzen dich ja auch so sehr,
Und etwas Pfeffer im Dessert
Ist ja zurzeit sehr populär."

Das Pfefferkorn, es sprach ganz keck:
„Da muss ich aber erst mal weg.
Für all das bin ich fast zu klein.
Ich hol' schnell meine Geschwister rein."

## Pfirsich

Ein Pfirsich voller Saft und Süße
Schickt' aus dem Obstkorb viele Grüße.
Er wär' so köstlich und so fein
Und möchte bald gegessen sein.

Denn müsst' er weiter so da liegen,
Könnt' er bald braune Flecken kriegen.
Tät' man dann zum Kompost ihn werfen,
Ging' ihm das ganz schön auf die Nerven.

Im Obstsalat genoss man ihn.
Er wirkte fast wie Medizin.
Das Abführmittel von Doktor Jost,
Das schmiss man dann auf den Kompost.

**Pflaume**

Der übervolle Pflaumenbaum,
Er war in diesem Jahr ein Traum.
Erst dachte man, dass diese Massen
Sich gar nicht mehr verwerten lassen,
Doch selbst legten die Pflaumen fest,
Was sich mit ihnen machen lässt:

Die eine sprach: „ Ich sag‘ es offen,
Mit meinen vielen Faserstoffen,
Da senke ich Cholesterin.
Das ist doch wirklich ein Gewinn!“

Die andre sprach: „ Trocknet man mich,
Dann klappt der Stuhlgang sicherlich.
Auch soll man Trockenobst versuchen,
Statt Schokoriegel oder Kuchen.

Als Pflaumenmus ja da sind wir
Bei jedem Frühstück eine Zier.
Als Pflaumenknödel sind wir doch
Ein Meisterwerk für jeden Koch.

Auch unsre Farbe hat viel Sinn.
Da sind Anthocyane drin.
Die helfen gar, Krebs zu vermeiden
Und auch für viele andre Leiden.“

Die dickste Pflaume hielt dagegen:
„Man kann uns auch auf Kuchen legen.
Mit Sahne sind wir doch ein Traum!“
Wie schön ist so ein Pflaumenbaum!

## Quark

Schön weiß lag am Teller der Magerquark
Und dachte, er finde sich wirklich stark,
So viel Proteine, so wenig Fett,
Mineralstoffmäßig sehr komplett,
Geschmacklich mit Schnittlauch ein Genuss,
Den man mit Kartoffeln erleben muss.

Als Dessert mit Früchten köstlich fein,
Das löffeln die Schlanken genussvoll rein,
Als Brotaufstrich täglich neu kreiert,
Mit Senf, Curry, Zwiebel oder pur drauf geschmiert,
Mit Olivenöl, Chili, mit Ketchup und Kren,
Ideenreichtum ist gern geseh' n.

Kein Abnehmprodukt ist so billig wie er.
Da fällt die Schlankheitskur gar nicht schwer,
Ganz ohne Chemie, natürlich, perfekt,
Wie schön, wenn Gutes so herrlich schmeckt!
Dieses Spitzenprodukt kann sich jeder erlauben,
Und es wirkt auch bei jenen, die nicht daran glauben.

**Radicchio**

Ein Radicchiokopf stand Hand in Hand
Mit der Pflaume am Gemüsestand.
Er sprach zu ihr: „Du süße Blaue,
Wie gerne ich doch nach dir schaue.“

Sie sprach: „ Du bist so stark, so bitter,
Mit dir fürcht’ ich kein Ungewitter.
Anthocyanreich, violett,
Bin ich ja auch, das ist doch nett.

Bioaktiv, wertvoll so sehr,
Ganz stark auch in der Krebsabwehr,
Ballaststoffreich sind beide wir,
Doch Bitterstoffe fehlen mir.“

Als sie dann in die Küche sollten,
Da ging es nicht mehr, wie sie wollten.
Er ward Salat, sie ward Dessert,
Und danach sah man sich nicht mehr.

**Radieschen**

Es brachte die Radieschen zum Erröten,
Als man sagte, sie könnten Bakterien töten.
Auch gegen Viren und Pilze könnten sie nützen
Und daher sehr gut die Gesundheit schützen.

Plötzlich fühlten die Radieschen sich akzeptiert,
Denn früher hatten sie sich oft geniert,
Weil sie auf den Wurst- und Käseplatten
Meistens nur den Rang eines Farbtupfers hatten.

**Reis**

Die Reiskörner hatte die Frage gequält:
Lieber vollwertig, braun und ungeschält,
An Nährstoffen reich, mit B-Vitamin
Oder weiß und poliert und kaum was drin?

Die Körner votierten für vollen Wert,
Doch bei den Menschen war' s umgekehrt.
Sie stopften lieber Wertloses in sich rein
Und warfen dazu Vitaminpillen ein.

Die Tablettenhersteller hat das gefreut,
Doch die Menschen haben es später bereut.
Wer vollwertig isst, der kann erfahren,
Ganz viele Tabletten kann man sich sparen.

## Rettich

Ein Rettich, schön geschnitten,
In Scheibchen zart und fein,
Gesalzen und gepfeffert,
Da beiß‘ ich gerne rein.

Ein Butterbrot zum Rettich
Erhöht noch den Genuss.
Das macht mich fit und kräftig,
Wenn ich viel leisten muss.

Bier, Butterbrot und Rettich,
Das Trio ist ein Traum,
Im Biergarten, im Schatten
Unterm Kastanienbaum.

Das Senföl in dem Rettich
Nützt dem Immunsystem.
Bakterien, Viren, Pilzen
Ist dieses unbequem.

Drum mag auch mein Freund Anton
Den Biergarten so sehr.
Im Dienste der Gesundheit
Radeln wir täglich her.

## Rosine

Mancher wirft Tabletten ein,
Um im Sport topfit zu sein,
Doch beim Dopingtest wird klar,
Dass das wohl ein Fehler war.

Will im Ruderboot man sitzen,
Steigt man auf der Berge Spitzen,
Joggt man oder fährt man Ski,
Man braucht sehr viel Energie.

Denn wer kräftig transpiriert,
Sehr viel Kalium verliert,
Und wer daran Mangel hat,
Der ist völlig schlapp und matt.

Mit Rosinen in den Taschen
Hat man immer was zu naschen.
Statt Chemie, fit mit Natur,
Mit den kleinen Früchtchen nur.

## Rosmarin

Der Rosmarin im Blumentopf,
Er war ein wirklich armer Tropf,
Denn jeder zupfte an ihm rum.
Das brachte ihn beinahe um.

Um Blutdruckschwache zu versorgen,
Brauchte man ihn als Tee am Morgen.
Beim Mittagessen war schnell klar,
Wie wichtig er als Würzkraut war.

Die Oma setzt‘ mit Öl ihn an,
Damit sie sich massieren kann,
Und auf der Pizza sowieso
Macht Rosmarin die Menschen froh.

Doch irgendwann ward es zu viel,
Man sah nur noch den kahlen Stiel.
Da rief er: „ Bitte, lasst die Faxen,
Ich muss erst wieder etwas wachsen.“

## Rote Bete

Die Roten Bete schrieben sich auf die Fahnen,
Mit Polyphenolen und Anthocyanen,
Mit Folsäure, Vitamin B und Eisen,
Den Menschen ihre ganze Kraft zu beweisen.

Den freien Radikalen ist es übel ergangen,
Denn die Roten Bete haben alle gefangen.
Diese Rübchen sind einfach ganz hochpotente,
Richtig aktive Allroundtalente.

Früher hatte keiner Vitamintabletten,
Um sich über den kalten Winter zu retten.
Mit guten Vorräten aus dem Garten
Konnte man getrost auf das Frühjahr warten.

Nur aus der Erfahrung, ganz ohne know how,
Kannten Hausfrauen die Nährstoffe sehr genau,
Und in Oma Fannis Vorratsallerlei
Waren Rote Bete immer reichlich dabei.

**Rotkohl**

Die Kohlköpfe klagten von früh bis spät,
Denn sie suchten nach ihrer Identität.
Mal Blaukraut, mal Rotkohl, wie soll man sagen?
Das lag den Kohlköpfen sehr im Magen.

Die blau-roten Farben sind in der Natur
Fast ein Garant für Gesundheit pur.
Ob Beeren, Gemüse, Obst oder Wein,
Blau-rotes kann doch nur wertvoll sein.

Diese Anthocyane können so viel nützen,
Vielleicht gar vor Tumor und Herzinfarkt schützen,
Drum esst sie ganz oft, am besten täglich,
Denn das ist dem Körper sehr verträglich.

So viel Lob hat den Kohlköpfen imponiert.
Sie fühlten sich endlich akzeptiert.
Farblich einigte man sich auf violett,
Und das fand dann schließlich jeder nett.

**Rotwein**

Die blauen Trauben fanden das fein,
Erst Sonne pur, dann wurden sie Wein,
Und dann lobte man in den höchsten Tönen
Den neuen Rotwein, den kräftigen, schönen.

Doch nicht nur die Genießer waren entzückt.
Auch die Mediziner waren beglückt,
Denn die Polyphenole, als Herzschutz gepriesen,
Haben sich längst schon als wirksam erwiesen.

Doch früher war es nicht wirklich klar,
Was wohl das richtige Quantum war,
Und mancher Weinfreund schoss über' s Ziel
Und dachte sich: Viel hilft auch viel.

Einen achtel Liter kann bei den Frauen
Die Leber noch ziemlich gut verdauen,
Ein Viertel erlaubt man den Männern gar,
Mehr nicht, das sage ich klipp und klar!

**Rucola**

Total entspannt lagen sie so da,
Die Kirschtomaten und der Rucola,
Darauf Parmesan, gehobelt ganz fein,
Genuss kann wirklich sehr einfach sein.

Der Bitterstoff aus dem köstlichen Kraut
Hilft der Leber, damit sie gut verdaut,
Ätherisches Öl fürs Immunsystem,
Magnesium schützt das Herz zudem.

Und was man sonst an Vitaminen so hat,
Das findet man alles in diesem Salat.
Vielen Menschen könnte es besser gehen,
Würden sie die Heilkraft der Nahrung verstehen.

## Sahnetorte

Dem Kalorienprofi fehlt es oft an Worten,
Beim Anblick vieler schöner Sahnetorten,
Und streng genommen, müsste man sie meiden,
Doch jeder Mensch mag sie so gerne leiden.

Denn bei Geburtstags-, Hochzeits-, Jubiläumsfesten
Mit vielen lieben gut gelaunten Gästen
Tät' die Substanz, die Seele fehlen,
Würd' man statt Sahnetorte Knäckebrot empfehlen.

Allein die Dosis macht das Gift, weiß man schon lange,
Drum ist mir wegen Torten auch nicht bange.
Zwar selten, aber freudvoll den Genuss erleben,
Heißt doch, dem Leben erst die rechte Würze geben.

Mit etwas Sparsamkeit am nächsten Tage
Schafft man den Ausgleich, das ist keine Frage,
Denn ungenießbar wird ein armer Mann,
Wenn er sich niemals zum Genuss entschließen kann.

## Salbei

Der Salbei sprach: „Fass‘  mich nicht an!
Als Heilkraut kennt mich jedermann.
Ein solches möchte ich auch bleiben,
Um Schweiß und Halsweh zu vertreiben.“

Jedoch der Koch, naturbesessen,
Gab alle Kräuter in das Essen,
Denn ihm war klar, ganz viele Leiden,
Die könnte man damit vermeiden.

Für Pizza- und auch Pastakenner
War Salbei bald der große Renner.
Mit Kalb und Lamm, mit Gans und Fisch,
Ganz oft kam Salbei auf den Tisch.

Und alle, die den Salbei kannten,
Entdeckten neue Varianten.
Und bald macht’ s auch dem Salbei Spaß,
Dass ihn ein jeder gerne aß.

**Sauerampfer**

Der Sauerampfer, als Unkraut geschmäht,
Hat in die Feinkostküche gespäht
Und war ganz stolz, eben dort zu erfahren,
Dass die Wildkräuter wieder in Mode waren
Und dass seine Blätter, die säuerlich zarten,
Gerade in einem Rahmsüppchen garten.

Als er wenig später bei den Gästen lauschte,
Wie die köstliche Suppe ihre Sinne berauschte,
Da vernahm er bald eine frohe Kunde,
Denn die Sauerampfersuppe war in aller Munde.
Der Sauerampfer war für Gourmets ein Genuss.
Mit dem Unkrautdasein war endlich Schluss.

**Sauerkraut**

Das Sauerkraut im Fass aus Holz,
Das war auf einmal richtig stolz,
Als jemand sprach, das Kraut es sei
So gut und wertvoll wie Arznei.

Es ist wohl die milchsaure Gärung
Für diese Wirkung die Erklärung,
Denn ist der Mensch im Darm gesund,
Läuft das Immunsystem ganz rund.

Erreger werden schnell vertrieben,
Die Abwehr schwebt auf Wolke sieben,
Doch hat die Wissenschaft beschlossen,
Nur wirksam ist' s, falls roh genossen.

Gekochtes Kraut mit fetten Würsten,
Die dann nach ein paar Schnapsen dürsten,
Damit macht man den Wert zunichte.
Das ist der Sinn von der Geschichte.

**Schnittlauch**

Der Schnittlauch fand, es wär' Zeit zu erklären,
Dass die Zwiebelgewächse sehr wertvoll wären.
Ihre Glucosinolate würden Schwefel enthalten
Und antibiotische Wirkung entfalten.

Prophylaktisch höchst wirksam auf breiter Front,
Das wird mit Nachdruck vom Schnittlauch betont.
Dass man Heilsames so einfach haben kann,
Ist doch ein Vorteil für jedermann.

Drum soll man sich täglich am Schnittlauch erfreuen
Und ihn über viele Speisen streuen.
Auf Kartoffeln, auf Butterbrot und auf Tomaten,
Mit Schnittlauch ist man immer gut beraten.

Seine würzige Frische belebt und macht fit,
Und es freut sich das Auge, denn es isst ja mit.
Wer jetzt noch meint, all das tät' er nicht brauchen,
Der soll Fertigkost essen und dazu eine rauchen.

## Schokoriegel

Dem Schokoriegel war bewusst,
Wer ihn verspeist, tut' s meist aus Frust,
Denn würde er die Fitness stärken,
Müsst' man das irgendwann mal merken.

Stark ist er nur in Kalorien,
Doch das sei ihm niemals verziehen.
Viel Fett und Zucker bietet er
Und lastet auf den Hüften schwer.

Ein Flop ist er als Pausenbrot.
Da tut gewiss Aufklärung Not.
Wenn es die Werbung auch verspricht,
Gesund ist er ganz sicher nicht.

Ist frisches Obst und Käsebrot
Im Schüler-Pausen-Angebot,
Ist das gehaltvoll und sehr fein.
Gesundheit kann ganz billig sein.

## Sellerie

Ein wahrer Kraftprotz ist Sellerie.
Entwässerungsmittel braucht er nie,
Und Viagra, das viele im Nachttisch hatten,
Stellte der Sellerie in den Schatten.

Auch straffes Gewebe durch gute Entschlackung
Ist bei Sellerie keine Mogelpackung.
Das Herz wird entlastet und der Blutdruck sinkt,
Wenn man Sellerie auf den Teller bringt.

Als Rohkost geraspelt ist er ein Gedicht,
Doch vergesst ihn auch als Suppe nicht!
In Öl gebraten, im Auflauf gar,
Sellerie schmeckt immer wunderbar.

Die Pfunde schwinden, ist das ein Glück!
Mit Sellerie kommt die Jugend zurück.
Kalorien ganz wenig, doch Werte in Massen,
Das kann der Sellerie selbst kaum fassen.

## Semmelknödel

Zwei übrige Semmeln vom Frühstückstisch,
Die waren am Abend nicht mehr frisch
Und trockneten langsam vor sich hin,
Doch das war für sie ein großer Gewinn.

Denn würde man sie in Würfel schneiden,
Dann wär' das der große Traum der beiden,
Denn ein feiner Semmelknödel zu werden,
Ist für Semmeln das höchste Glück auf Erden.

Von bester Bratensauce umgeben,
Was könnte es Edleres, Schöneres geben?
Der Schlankheit dient so ein Mahl zwar nicht,
Doch geschmacklich ist es ein wahres Gedicht.

**Senfkörner**

Ein Senfkorn schwamm im Gurkenglas.
Das machte ihm sehr wenig Spaß,
Denn öde war' s und ziemlich sauer,
Das stört' das Senfkorn auf die Dauer.

Als Senf in Tube oder Glas,
Ist' s lustig, da erlebt man was.
Beim Grillfest kommt man auf die Wurst.
Das hebt die Stimmung und macht Durst.

Doch beim Genuss ist kaum bewusst,
Senf hebt nicht nur die Essenslust.
Das Senföl stimuliert den Magen,
Lässt uns das Essen gut vertragen.

Und selbst bei Racheninfektionen
Kann sich der Senfgenuss sehr lohnen,
Weil die Bakterien Senföl hassen
Und auch die Viren schnell verblassen.

**Sesam**

Mit den kleinen Sesamkörnchen
Liebe ich mein Frühstückshörnchen,
Und das hat auch seinen Grund,
Denn der Sesam ist gesund.

Medizinisch ist Selen
In den Körnchen gern geseh' n.
Kalzium für Knochendichte,
Das ergänzt noch die Geschichte.

Diese Samen fein und lecker,
Die gebraucht nicht nur der Bäcker,
Auch in Müsli und Konfekt
Gibt man Sesam, weil' s gut schmeckt.

Will man asiatisch speisen,
Dann kann Sesamöl beweisen:
Herrlich ist es zu entdecken,
So gut kann Gesundheit schmecken.

**Shitakepilz**

Ein Shitakepilz fragt an,
Was man mit ihm machen kann,
Denn er hätte wo gelesen,
Dass nicht nur bei den Chinesen,
Sondern auch in Forscherkreisen
Viele seinen Wert beweisen.

Ihn zu essen, das macht Spaß.
Medizinisch nützt er was.
Für die Fließkraft unsres Blutes
Tut er eine Menge Gutes,
Kann vor Krebserkrankung schützen
Und auch bei Entzündung nützen.

Sehr vitalstoffreich und fein,
Passt er in fast alles rein,
Packt Cholesterin am Kragen,
Leicht verdaulich für den Magen,
Schmeckt mit Reis und Sushi auch
Und macht keinen dicken Bauch.

## Sonnenblume

Ein Sonnenblumenkernchen in der Sonnenglut
Fragte seine Mutter: „Für was sind wir gut?
Sind wir Deko bloß oder Vogelfutter?“
Und da entgegnete die Blumenmutter:

„Mein Kernchen, das siehst du ganz verkehrt.
Wir Sonnenblumen sind von erlesenem Wert.
Für Herz und Kreislauf ist unser Öl ein Segen.
Auch im Darm können wir viel bewegen.

Cholesterinwerte sinken, Darmkrebs wird rar.
Das ist doch wirklich ganz wunderbar.
Uns lieben Sterneköche und Bäcker,
Auch Ernährungsberater und Apotheker.

Naturkostfans und Reformhausexperten,
Auch Kardiologen können uns gut bewerten.
Politisch gebraucht man uns als Dekoration,
Doch die echten Werte, die nannte ich schon.“

## Spargel

Die Spargelstangen stöhnten bleich,
Und ihre Knie wurden weich.
Es wurde ihnen gar richtig bange,
Denn man kochte sie wieder viel zu lange.

Mit sehr viel Soße und Schinken dazu
Wurden sie zugedeckt im Nu
Und matschten ganz traurig vor sich hin.
So hat das Spargelessen keinen Sinn.

Denn die Spargelstange ist sensibel und zart.
Sie gehört zu einer sehr edlen Art,
Ist Gemüse, Arznei und Festtagsgericht,
So etwas Feines zermatscht man nicht.

Dem Spargelkoch sei es ganz bewusst,
Was er bereitet ist sinnliche Lust.
Es ist ein gesundes Schlankheitsfutter
Mit Salzkartoffeln und frischer Butter.

## Spinat

Die Spinatblätter waren von sich überzeugt,
Vielen Krankheiten hätten sie vorgebeugt.
Mit Eisen, Magnesium und Vitaminen
Herrschte Zufriedenheit unter ihnen.

Doch was sie sich oft schon fragen mochten,
Warum die Menschen sie so lange kochten.
Mit viel Kochwasser ward alles weggespült.
Da hat sich der Spinat ganz leer gefühlt.

Diese lehrreiche Story hat den tieferen Sinn:
Kurz gegart, bleibt im Gemüse alles Wertvolle drin.

## Steinpilz

Ein Steinpilz stand im grünen Moos.
Beim Finder war die Freude groß.
Er nahm den Pilz gleich mit nach Haus'
Und kocht' sich eine Mahlzeit draus,
Mit Semmelknödeln, frischem Rahm,
Und als dann noch Johanna kam,
Da haben sie zu zweit genossen
Und bei dem Festmenü beschlossen,
Im nahen Wald am nächsten Morgen
Sich noch mehr Pilze zu besorgen.
Viel Eiweiß, fettarm, aromatisch,
Ein solches Essen ist sympathisch.
Jedoch das Finderglück blieb aus.
Mit leerem Korb kam man nach Haus'.
Nicht planbar ist der Pilzgenuss,
weil man sie halt erst finden muss.

**Thymian**

Der Thymian wuchs lange schon
Im Blumenkasten am Balkon
Und träumte oft, es wär' so fein,
Könnt' er mal eine Rose sein.

Auch bei Kastanien oder Linden
Wollt' er sich gerne selber finden.
Doch er war nur ein kleines Pflänzchen,
Nicht größer als ein Mäuseschwänzchen.

Doch wenn man italienisch kochte,
Was die Familie so gern mochte,
Dann roch die Küche herb und fein,
Denn er kam in das Essen rein.

Auch bei Bronchitis musst' er ran
Und konnte zeigen, was er kann.
Gern blieb er schließlich, der er war,
Schmeckte und heilte wunderbar.

## Toastbrot

Das Toastbrot in der Plastiktüte,
Es dachte nur: „Du liebe Güte,
Wenn ich es ganz genau bedenke,
Gibt' s nichts, was ich den Menschen schenke.

Von Vitaminen bin ich frei,
Auch mineralisch – nix dabei,
Und wenn es manche auch erhoffen,
Ich bin ganz frei von Faserstoffen.

Kaum Sättigung, viel Kalorien,
Ich sollte gleich von dannen ziehen,
Denn eigentlich bin ich nur Pampe
Und mache eine dicke Wampe."

## Tomate

Tomatensuppe, Tomatensalat,
Gegrillte Tomaten, gut, wenn man die hat.
Tomatenpüree und Tomaten als Saft
Schmecken köstlich und geben dem Immunsystem Kraft.

Lycopin heißt der Wirkstoff, wie die Wissenschaft lehrt,
Drum iss täglich Tomaten, das ist niemals verkehrt!
Für Herz, Kreislauf, Prostata, vor Brustkrebs sogar,
Lycopin schützt und hilft, das ist sonnenklar.

Kalorien und Kosten sind zum Glück minimal.
Tomaten sind billig, die gibt' s überall.
Und isst man gern Ketchup, hat auch das seinen Sinn,
Denn Lycopin ist auch im Ketchup drin.

## Wacholderbeere

Die Wacholderbeere dachte,
Dass sie sich ganz nützlich machte,
Wenn sie bei dem Sauerkraut
Hilft, dass man es gut verdaut.

Auch geschmacklich inspirierend
Und die Nieren stimulierend,
Selbst als Schnaps sehr populär.
Das kommt nicht von ungefähr.

Mit viel Öl und Bitterstoffen
Bleiben keine Wünsche offen,
Und der Apotheker Klein
Mischt sie gern in Tee mit rein.

Franz, der Koch, liebt die Gerüche
Seiner feinen Kräuterküche.
Würzen ist ihm Wissenschaft.
So gibt Essen heilend Kraft.

## Weihnachtsgans

Im Rohr, bei hoher Temperatur,
Schmorte die Gans seit siebzehn Uhr,
Um später in des Christbaums Schein
Als Festmahl auf dem Tisch zu sein.

Als Gans, das ist fürwahr sehr schlecht,
Macht man' s den Menschen niemals recht.
Ist man zu fett, dann heißt es gleich,
Man wär' an Cholesterin zu reich.

Hat man sich nicht recht voll gefressen,
Klagen die Menschen dann stattdessen:
„Zu wenig Fleisch, beinah nur Knochen,
Man könnt' auch mal was andres kochen!"

Doch wäre mal die Weihnachtsküche
Ganz ohne feine Gansgerüche,
Dann wär' die ganze Weihnachtsfeier
Wie Ostern ohne Ostereier.

## Wirsing

Zwei grün gekräuselte Wirsingköpfe,
Die wollten in die Küchentöpfe.
Mit Speck ward der eine zwei Stunden gekocht.
Diesen Brei hat nachher keiner gemocht.

Und von dem Koch mit den schönen Künsten
Ließ sich der andre in Butter zart dünsten.
Weil er so ein feines Aroma hatte,
Durfte er sogar auf die Silberplatte.

Dort wurde er neben dem Lachs platziert,
Und das hat ihm mächtig imponiert.
Die feinen Gourmets, die freuten sich sehr.
Sie sprachen zum Koch: „ Mehr Wirsing muss her!“

„Das mache ich gern“, entgegnet‘ der gleich.
„Der Wirsing ist ja an Werten so reich,
Magnesium, Senföl, viel mehr könnt’ ich sagen,
Da dürft ihr euch gerne die Bäuche vollschlagen.“

## Zander

Der Zander und die Zanderin,
Die schwammen so im See dahin,
Und blubberten ganz voll Entzücken,
Sie würden jeden Koch beglücken.

Kein Fisch wäre so fein und zart.
Das ist nun mal des Zanders Art.
Serviert man ihn mit edlem Wein,
Kann das schon sehr gemütlich sein.

Mit Kerzenlicht gibt er den Rahmen
Für die Bezirzung hübscher Damen.
So funkte es bei Max und Lieschen
Mit Schampus, Zander und Radieschen.

## Zimt

Die Zimtstange, fest eingerollt,
Hätt' in den Glühwein rein gewollt.
Jedoch, es machte sie konfus,
Sie musste in das Apfelmus.
Hätte man sie wohl mahlen sollen,
Als Beigabe im Weihnachtsstollen?

Doch eigentlich da träumte ihr
Von einem Magenelixier,
Um dort mit Kräutern und Gewürzen
Das Magendrücken zu verkürzen,
Vielleicht als Klosterbitter gar,
Heilsam zu wirken, wunderbar.

Sie wäre ja auch, ohne Frage,
Ganz ayurvedisch in der Lage,
Nach medizinischen Gesetzen
Ihr großes Können einzusetzen,
Den Menschen wärmen, Abwehr stärken.
Wer das nicht weiß, der soll sich' s merken!

## Zitrone

Die Zitronen hingen in Italien am Baum,
Und jede träumte ihren eigenen Traum
Von Cocktails, Kuchen, Eis und Konfekt,
Weil Zitrone immer erfrischend schmeckt.

Die einen, die klugen, die wollten nur sagen,
Sie seien Experten für medizinische Fragen,
Denn Vitamin C bringt die Abwehr in Schwung,
Hilft der Haut, macht uns fit, hält gesund und jung.

Die anderen, das war wirklich schade,
Die träumten von köstlicher Limonade.
Doch leider haben sie nicht dran gedacht,
Dass man Limo aus Chemie und viel Zucker macht.

## Zucchini

Die Hausfrau war zerknirscht und matt,
Weil sie kaum Zeit zum Kochen hat.
Sie nahm, welch traurige Geschichte,
Nur Dosenkost und Schnellgerichte.

Da riefen die Zucchini heiter:
„Koch öfter uns, das bringt dich weiter!
Ruck-zuck gewaschen und gegart,
Bedenke, wie viel Zeit das spart!

Wir machen schlank, wir machen satt.
Wer uns isst, der ist niemals matt,
Braucht keine Pulver und Tabletten,
Sich vor dem Leistungsknick zu retten.

Entgiftung, Fitness, starkes Herz
Und ganz gewiss kein Magenschmerz,
Die Blutfettwerte, kaum zu fassen,
Können voll Stolz sich sehen lassen.“

Sie hat’ s probiert und stellte fest,
Wie leicht sich Frisches kochen lässt.
Im Supermarkt spart sie viel Geld.
Tabletten hat sie abbestellt.

## Zwiebel

Die Zwiebeln waren zu Tränen gerührt,
Und man hat ihren großen Stolz gespürt,
Als sich ein Professor bemühte zu erklären,
Dass sie fast mehr Arznei als Nahrung wären,

Dass die Glucosinolate, die in ihnen stecken,
Die Abwehrkraft gegen Viren wecken,
Dass die Krebsforscher noch viel Wirkung erwarten
Von den einfachen Zwiebeln aus Omas Garten.

Und dann riefen auch die Zwiebelscheiben:
„Wir wollen am liebsten Rohkost bleiben,
Denn brät man uns braun mit Schmalz und Speck,
Dann ist unser Gesundheitswert ganz weg.“

## Epilog

Hat man nun all die schlauen Sprüche
Aus der Natur-Gesundheits-Küche
Verspeist, verdaut und auch genossen,
Hat man vielleicht sofort beschlossen,
Die alten Zöpfe abzuschneiden,
Dann ist man fast schon zu beneiden.

Gesund zu essen, muss nicht heißen,
Gleich alles über Bord zu schmeißen,
Jedoch ein wenig nachzudenken,
Wird jedem Lebensfreude schenken.
Wer es probiert, wird' s nicht bereuen
Und sich am Wohlbefinden freuen.

**Anhang**

**40%** der Deutschen behaupten von sich, auf ihre Gesundheit zu achten. Nur **4%** ernähren sich konsequent gesund. Daraus kann man schließen, dass es sich für fast jeden Menschen lohnt, ab und zu über seine Ernährungsgewohnheiten nachzudenken.

Die **„Väter der Lebensreform“**, z.B. Sebastian **Kneipp** (1821-1897), Max **Bircher-Benner** (1867-1939), Werner **Kollath** (1892-1970) und Johann **Schroth** (1798-1856), erkannten bereits zu ihrer Zeit den hohen Nutzen einer Ernährung mit viel Gemüse, Obst (überwiegend als Rohkost), Kräutern, Vollkorn, gesäuerten Milchprodukten und wenig oder keinem Fleisch. Die Heilerfolge bei den verschiedensten Erkrankungen waren beeindruckend. Trotzdem wurden sie von der Schulmedizin belächelt, weil die wissenschaftliche Begründung für diese Erfolge fehlte und die genannten Nahrungsmittel als „Arme-Leute-Kost“ angesehen wurden.
Bis in die 70er Jahre des 20. Jahrhunderts beurteilte man die Nahrungsmittel überwiegend nach ihrem Gehalt an **Kohlenhydraten**, **Fetten**, **Proteinen**, **Vitaminen** und **Mineralstoffen**.

Heute weiß man, dass die **bioaktiven Substanzen** aus den pflanzlichen Lebensmitteln den gesundheitlichen Wert unserer Nahrung bestimmen. Die Herstellung von Tabletten mit diesen Wirkstoffen ist nahezu unmöglich, weil wir noch längst nicht alle Verbindungen kennen (man vermutet etwa 20 000 verschiedene Stoffe in Obst, Gemüse und Kräutern), weil die Stoffe in sehr kleinen Mengen enthalten sind und die Zusammensetzung der Naturprodukte sehr komplex ist.

**Bioaktive Substanzen im Überblick**

**Ballaststoffe**: Die Faserstoffe kommen in allen Pflanzen vor. Sie schützen vor Darmträgheit, erzeugen ein lange anhaltendes Sättigungsgefühl, unterstützen die Senkung des Cholesterinspiegels und können Diabetes und Darmkrebs vorbeugen.

**Karotinoide**: Sie sind enthalten in den meisten roten und gelben Früchten, z.B. Karotten, Tomaten, auch in grünem Blattgemüse (gelbe Farbe ist von Blattgrün überdeckt) und bieten Schutz vor Herzinfarkt und Krebs. Auch die vermehrte Bildung von Immunfaktoren ist von hohem Wert.

**Polyphenole** (Flavonoide, Anthocyane): Sie färben Pflanzen rot bis violett (z.B. Rotwein, Kirschen, Beeren, rote Beete, Blaukraut, Zwiebeln), wirken antioxidativ, hemmen die Blutgerinnung, stärken die Immunabwehr und beugen Krebs, Diabetes und Bluthochdruck vor.

**Bitterstoffe**: Sie unterstützen die Verdauung, senken Cholesterinwerte, stärken die Immunabwehr und vermindern den Heißhunger auf Süßes.

**Terpene**: Sie kommen als ätherische Öle in fast allen Gewürzpflanzen und den Schalen von Zitrusfrüchten vor (charakteristischer Geruch) und wirken gegen Bakterien, Viren und Pilze. Möglicherweise wehren sie auch Krebs ab.

**Sulfide**: Sie sind schwefelhaltige Verbindungen in Knoblauch, Zwiebeln und Lauchgewächsen. Sie stärken das Immunsystem, hemmen die Blutgerinnung, vertreiben Viren, Pilze und Bakterien, verhindern  Ablagerungen in den Blutgefäßen und  können vor Krebs schützen.

**Phytosterine**: Sie kommen in allen fettreichen Samen und den daraus gewonnenen Ölen, z.B. in Sesam, Sonnenblumenkernen, Kürbiskernen und Sojabohnen vor, dienen der Senkung des  Cholesterinspiegels und der Vorbeugung von Darmkrebs.

**Saponine**: Sie kommen in Hülsenfrüchten vor und senken ebenfalls den Cholesterinspiegel. Sie hemmen Entzündungen und Krebsentstehung.

**Glucosinolate**: Die scharf schmeckenden Aromastoffe in Senf, Meerrettich und Kohl wirken abwehrend gegen Krebs und vertreiben Viren, Pilze und Bakterien.

**Proteaseinhibitoren**: Sie sind in allen Hülsenfrüchten enthalten, regulieren den Blutzuckerspiegel, hemmen Entzündungen und beugen Krebs vor.

**Phytoöstrogene**: Sie kommen in Sojabohnen, Getreide und Gemüse vor und wirken möglicherweise vorbeugend gegen Krebs.

**Phytinsäure**: Sie kommt in den Randschichten von Getreide, Hülsenfrüchten und Ölsaaten vor,
senkt den Blutzuckerspiegel und vermindert das Krebsrisiko.

**Sonstige Faktoren für eine gesunde Ernährung**

- Wenig tierisches Eiweiß essen, d.h. maximal zwei Portionen Fleisch pro Woche!
- Sparsamer Umgang mit tierischen und gehärteten Fetten!
- Fertigprodukte sind meist „tote“ Nahrungsmittel mit zu vielen Kalorien.
- Weißmehlerzeugnisse und Zucker sind nahezu frei von Vitaminen und Mineralstoffen.
- Sparsamer Umgang mit Alkohol!
- Mindestens 1,5 Liter Wasser oder Tee trinken!
- Vorsicht mit geräuchertem und gepökeltem Fleisch (krebserregende Nitrosamine bilden sich beim Braten oder Grillen)!
- Vollkornprodukte enthalten reichlich Ballaststoffe, Vitamine und Mineralstoffe.

- Milchsäurebakterien (z.B. aus Joghurt und Dickmilch) sorgen für eine intakte Darmflora und ein starkes Immunsystem.

- Genuss und Lebensfreude sind wichtige Grundbedingungen für ein glückliches Leben. Daher sollte es keine Verbote geben. Die Genussmittel werden aber zu oft gedankenlos und in zu großer Menge konsumiert.

- Empfehlung der Deutschen Gesellschaft für Ernährung: Täglich fünf Portionen Obst und Gemüse zu je 100 Gramm essen! Dabei dürfen zwei Portionen als Saft (100% Frucht- oder Gemüsegehalt) genossen werden.

- Produkte der Saison und aus heimischem Anbau kaufen!

**Rechtlicher Hinweis:**

Jedes Beschwerdebild erfordert eine Diagnose, ein Behandlungskonzept und einen Blick auf mögliche Nebenwirkungen, besonders bei gleichzeitiger Einnahme mehrerer Arzneimittel.

Betrachten Sie deshalb die Behandlungsempfehlungen lediglich als Hinweise und besprechen Sie Ihre individuelle Therapie mit Ihrem Apotheker oder Ihrem Hausarzt.

Die Verfasserin übernimmt keine Verantwortung für Behandlungsfehler.

**Eiche**
(Quercus robur)

Das Baby mit dem wunden Po
Ist heute ganz und gar nicht froh.
D'rum kocht die Mutter ihrem Kinde
Ein Sitzbad aus der Eichenrinde.

Auch als der werte Ehegatte
Vor kurzem Hämorrhoiden hatte,
Bracht' schnelle Hilfe dieser Sud,
Tat dem geplagten Vater gut.

Es heilte schnell, und man war froh,
Der große und der kleine Po

Gesund durch den Alltag mit Humor!

ISBN 978-3-00-034570-8 124 S. **9,95 €**

Weitere Leseprobe und Bestellung auf
www.porsche-rohrer.de

Auch überall im Buchhandel

**Schnupfen (wässrig)**

Wenn die Nase tropft und fließt,
Ist das Leben stark vermiest,
Und man ist ein armer Tropf,
Denn es dröhnt und schmerzt der Kopf.
Ach, ich hab' nichts mehr zu lachen!
Wer hilft mir, was soll ich machen?

Reichlich trinken, inhalieren
Und mit Wick die Brust einschmieren,
Allium cepa Globuli
Aus der Homöopathie
Stündlich fünf nahm Onkel Frieder
Und die Nase lief nie wieder.

Gesund durch den Alltag mit Humor!

ISBN 978-3-00-034570-8 118 S. **9,95 €**

Weitere Leseprobe und Bestellung auf
www.porsche-rohrer.de

Auch überall im Buchhandel